寝顔に「ごめんね」言いたくない！

さよなら イライラ育児

三浦りさ

ポット出版プラス

怒鳴らず
叩かず
子育てしたい
あなたへ

あなたの今の悩みは何でしょうか。子どもの夜泣きが続いて、ゆっくり眠れないこと？　イヤイヤ期のせいで何をさせるにもひと苦労なこと？　子どもが友達と仲良く遊べないこと？　つまらないことで子どもを叱ってしまうこと？

他の人からみれば些細な悩みでも、本人にとってはつらく、暗い気持ちになるものです。私も二人の子どもの母として、これまでたくさん悩んできましたし、今もあらたな悩みと日々格闘しています。

長女が小さかったころは、感情に任せて怒ってしまうことが悩みでした。娘のちょっとしたイタズラや聞きわけの悪さに、「そこまで言わなくていいでしょう」というくらい怒ってしまうことがありました。

一度怒り始めると冷静さがなくなって、言わなくてもいいことまでネチネチ言ったり、あれもこれも、あのときもこのときもと、次から次へ責めるように言ってしまったり……。「私ったら何ていやな言い方をしてるんだろう」と思いつつ、止まらない言葉。「これ以上言っちゃダメ。やめなくちゃ」と思っているのに、どこかに自分のストレスが発散されていくような解放感があって、ストップがきかなくなるあの感じ。今も覚えています。

そして、そのあとには必ず「何であんなことまで言ってしまったんだろう。あそこまで追い詰めることはなかったのに」と、何とも言えない後味の悪さが残りました。感情のままに怒ってしまった自分に対する情けなさと、子どもに対する申し訳ない気持ちでいっぱいになりました。そのときは「きょうのような怒り方は、もうしない！」と心に誓うのに、しばらくすると同じことの繰り返し。

当時はわからなかったのですが、私はストレスをため込んでいたのですね。長女が生まれてから、生活のすべてが子ども中心に回り出し、それまでのように自分のやりたいことが思うようにできなくなりました。小さな不満が知らないうちにたまりイライラしていたと思います。ストレスをためた状態のところに、娘が遊び食べをしたり、外出する直前にぐずったりすると、「どうしてそうなの?!」と、怒りをぶつけてしまったのです。

私は今、妊娠中・育児中のお母さんたちをサポートする活動をしています。東京都足立区で、「マタニティ&ベビーハウスohana（オハナ）」という古民家を拠点にして、子育てサロンの運営、親子で参加できるワークショップ、イベント、子育て応援フリーペーパー『Colorful（カラフル）』の発行、お母さん向けの相談会、子育て講座などを行なっています。

こうした活動を始めたきっかけは、二人めの子ども、長男の出産を機に習い始めたベビーマッサージでした。ベビーマッサージの魅力に目覚めた私は、習うだけでなく広めていきたいと思い資格を取得し経験を積みました。そして２００７年に自宅でサロンをオープン。そこではベビーマッサージのほかに、お母さんに癒しの時間を提供したくて、リフレクソロジーやヘッドマッサージなどもやっていたのですが、マッサージを受けているお母さんが子育ての話をしているうちに泣き出したり、リフレクソロジーの申し込み書に育児の悩みを書き込みするお母さんたちがいました。

それを見て、何かお母さんたちの力になることをしたい！足立区を子育てをしやすい地域にしていきたい！という思いがつのり、仲間たちと区に働きかけをしながら、子育て支援活動を本格的にスタートしました。２０１１年には、ＮＰＯ法人「子育てパレット」を立ち上げ、今に至っています。

「子育てパレット」の活動を通して、数えきれないくらいのお母さんと出会い、話をしてきました。どの時代にも子育ての悩みはありますが、最近強く感じるのは、お母さんたちのストレスが増えているのではないかということです。詳しくは第一章でふれていきますが、ストレスが増えるとイライラして、育児にも余裕がなくなります。私が娘にイライラをぶつけ自己嫌悪に陥ったように、お母さんにとっても子どもにとっても、いいことは一つもありません。

「子育てパレット」が開いている講座のなかに、「さよならイライラ育児講座」があります。悩んでいるお母さんに少しでも楽になってほしいと思い、長年続けている講座です。そのなかでいつもお母さんたちに伝えている内容を、この本にまとめました。

講座では私が一方的にお話しするのではなく、参加しているお母さんたちと話し合ったり、お母さんが自分の考えを書き出す「ワーク」と呼んでいる時間を設けたりしています。

この本でも、読者の方に考えていただく「ワーク」を作りました。自分のことはわかっているようで、実はよくわかっていません。書き出すことで「ああ、私はこんなふうに思っているんだ」と、自分を客観的に見られる効果があります。ぜひペンを用意して、自分の気持ちや考えを書き込んでみてください。

この本がお母さんたちのストレスを少しでも解消し、子育てを楽しいと思える一助になればと願っています。

もくじ

第三章　7つのハートでイライラしない……047

第一章　現代のママの子育て事情

「孤育て」しているお母さん

ホットライン「耳をすませて…」から聞こえる声

「子育てパレット」が行なっている育児サポートの一つに、「耳をすませて…」という電話相談があります。「誰かに気持ちを打ち明けたい。でも、身近な人には話せない」、そんなふうに思っているお母さんたちに応えたいと思い、始めました。子育てや家族のことでつらい思いをかかえている人に寄り添い、お話にじっくり耳をすませることを目的にしています。

この「耳をすませて…」には、さまざまな人から電話がかかってきます。夜中に「子どもが泣きやまないんです」と乳児をかかえる疲れた声のお母さん、「ママ友とうまくいかない」と悩んでいる幼稚園児のお母さん、「ダンナとケンカしてたら、さっきダンナが出ていっちゃったんです」と泣きながら電話をかけてきた女性もいました。

「母乳で育てたいんですけど、あまり出なくて……。周りが母乳をあげているのを見るとつらいんです」と、ミルク育児をしているお母さんからの相談もありました。私が「母乳でなくてもいいんだよ。ミルクをあげていいんだよ」と言ったとたん、わーっと泣き出してしまいました。

今は母乳育児のよさが見直されていて、妊娠中の女性の9割が完全母乳で育てたいと思っているというデータもあります。そのためか、ミルク育児をしていると、お母さんたちが集まる場所で引け目を感じるという声を聞きます。電話をかけてきたお母さんも「母乳で育てなければ！」と自分を追い詰めていたのでしょうね。

このお母さんをはじめ多くのかたが電話で話をしているうちに、悩みや問題が解決しなくても「もう大丈夫です。ありがとうございました」

と言ってくれます。最後には笑って電話を切ることもあります。この電話相談を通じて感じるのは、お母さんたちが置かれている「孤育て」のつらい状況と、誰かに話せること、誰かが聞いてくれることの大切さです。

「自分だけじゃない」と思えること

電話相談「耳をすませて…」以外にもお母さんたちの「孤育て」状態を感じます。

「子育てパレット」の講座では、私が話すだけでなく、参加者のお母さんたち同士でたくさん話をしていただきます。まず最初の日に、どんなことを話し合いたいか、お母さんみんなでテーマを決めています。1、2歳のお子さんをもつお母さんたちの場合、子どもに関するテーマで話したいことは「トイレトレーニング」「食事」「卒乳」「しつけ」「関わり方」。お母さん自身に関するテーマでは「時間」「未来のこと」「ストレス発散」「イライラ」「怒り」「夫」「人間関係」「情報交換」などがよくあがります。

このテーマ決めのときには、参加者のみなさんが「離乳食について話したいです。先月から離乳食を始めたのだけど、子どもが食べてくれなくて困ってるんです」といったように自分の状況も話されます。すると、「うちの子もそうだった」「うちも！」など、とても盛り上がります。

「みんなの話を聞いて、子育てで悩んでいるのは私だけじゃなかったと思ったら、それだけで元気になりました」と言うお母さんがたくさんいます。一番盛り上がるのは、「夫」についてですね。みなさん気になることをうわーっと話したら、「これでもうすっきりしました」と明るい顔になります。私が「話し合いで出たテーマについて考えようよ」と言っても、お母さんたちは話すだけ話したから、テーマはどうでもよくなっていることもあります（笑）。「子育てしていてずーっと苦しかったけれど、講座に来て、みんなが同じように感じていた。私だけじゃなかったとわかりました」と涙を流すお母さんもいます。

悩みを一人でかかえていると、「私の子育ては正しいのだろうか？」「他のママはどうやっているんだろうか？」と不安になって、それはやがてストレスに変わっていきます。でも、悩んでいるのは自分だけじゃないとわかると、気持ちが楽になるのですね。

今は昔に比べて、子育てサロンや地域の子育て支援センターなど、お母さんたちが交流できる場所がいっぱいあります。こうした場所で話せる人を見つけてほしいと思います。なかには本音では話せないという人もいるでしょうが、ちょっとだけ勇気を出してみませんか。

他人の目を気にしすぎると自分が苦しくなる

最近のお母さんの傾向として、「アザコン」が増えているといわれています。「アザコン」とは「アザーコンプレックス」の略で、他人（other）の目を常に気にして、「自分がどう見られているか、どう思われているか」にとらわれている人のことです。これも「孤育て」の要因の一つになっているのではないでしょうか。

私が感じる「アザコン」の特徴は、「ママ友たちの付き合いは無理しても合わせる」「メールやＬＩＮＥはすぐ返信しないと気になってしょうがない」「暇さえあればツイッターやフェイスブックなどのＳＮＳをチェックする」「ＳＮＳの『いいね！』がほしいために、無理をしてでもリア充に見える生活シーンをアップする」「『ありがとう』より、『ごめんなさい』と言ってしまう」などです。

アザコン傾向のあるママは、「いい母親に見られたい！」という思いが強く、「自分や子ども、家族が、他人にどう映っているか？」を、常に気にしてしまいます。

私が出会ったお母さんのなかにも、ちょっとアザコンの傾向があるかなと思う人がいます。あるお母さんは、子どもがお友達を叩くので困っていました。相手のお母さんの手前、怒鳴って叱っていたのですが、本当は怒鳴りたくないのだそうです。その話を聞いて、私が「怒鳴らなくても、叩いちゃいけないことは教えられるよ」と言うと、「無理に怒鳴らなくてもいいんですか」と、ほっとして泣き出したことがありました。

こんなお母さんもいました。話題のスポットにいち早く子連れで遊びに行き、いつも流行のファッションに身をつつみ、楽しそうに子育てしているように見えるお母さんです。でも実際は、経済力に見合わないお金の使い方をしていたため、本当に必要な生活費が足りなくなっていました。じっくり話を聞いてみると、人からうらやましいと思われる暮らしを見せることに疲れているようでした。

アザコンの傾向があるお母さんは、人の目を気にする一方で、他人を見て「うらやましい」という思いも強くいだくようです。「私はだめだけど、みんなは楽しそうに、ちゃんと子育てしてる」と思ってしまう。目の前の子育てでいっぱいいっぱいになると、「自分だけが大変」とか、「周りのパパたちは子育てに協力的なのに、自分の夫だけが手伝ってくれない」と思ってしまうのですね。

でも、お母さんたちの声を聞いていると、みんながそれぞれ何かしらのストレスをかかえています。周りのお母さんたちに子育てのアドバイスをしていて、「すごいね」と言われているお母さんが、実は自分の子育てに自信がもてず悩んでいる、というケースも珍しくありません。

人の目を気にすることは、悪いことではありません。自分を律して周囲とのコミュニケーションを円滑にしたり、自分の評価を高めようと努力したりすることに繋がります。でも他人の目だけが評価の基準になり、それに自分を合わせようとすると、自分が大切にしたいことや本当に望んでいることがわからなくなってしまいます。アザコンかどうかの大きな違いは、「演じているかどうか」ではないでしょうか。人の目を気にしすぎるあまり、自分で自分をだましているのは苦しいものです。人の目を基準にするのではなく、あなたがどう思うのか、あなたがいいなと思うものを基準にしたほうが、ずっと楽しく子育てできるはずです。

真面目で一生懸命なお母さんほどキツくなる

子育て講座で、お母さんたちに「どんなときにイライラしますか?」と聞くと、「寝不足のとき」「疲れているとき」「夫が手伝ってくれないとき（特にゲームに夢中になって手伝ってくれないとき）」といった答えが返ってくるのですが、一番多いのは、「スケジュール通りに進まないとき」「思うように物事を進められないとき」という答えです。具体的には、「出かける用事があるのに子どもがぐずぐずして、時間通りに家を出られない」「子どもを寝かせたあとに家事や仕事をしようと思っているのに、いつまでも子どもが寝てくれない」「せっかく用意したごはんなのに遊び食べをされ、床に投げられてしまう」などです。

「スケジュール通りに生活したい」と思うあまり、幼稚園から帰ってきたら、もう子どもを外に出さないという極端な話も聞きます。公園や児童館に出かけると、お母さんの帰りたい時間になっても「もっと遊びたい！」と帰る時間がズルズル遅くなってしまうからでしょうか。たしかに、同じ時間にごはんを食べて、お風呂に入って……という規則正しい生活リズムは大切ですが、スケジュールは快適な生活を送るための一つの目安です。スケジュールを守ることが目的になってしまっては、本末転倒だと思います。

特に一人めの子どものときに、スケジュール通りに進めたいという思いが強いようです。二人め以降は、その考え方が少しゆるくなってきます。なぜかと言うと、先が見えているから。子どもがごはんを座って食べないとき、一人めには「座りなさい！」と必死に言うけれど、二人めからはいちいち注意したりしないで、子どもが席に戻ってきたらパクッと食べさせる。一人めの経験から「そのうち座って食べるようになる」と先が見えているからキリキリしないでいられるのですね。

そもそも、スケジュールはお母さんが自分の都合で作っているもの。「7時にお風呂に入る」と決めたとしても、絶対にその時間に入らないといけないのかというと、そんなことはないはず。「きょうはお風呂が遅くなっちゃうけど、まっ、いいか」と思えるお母さんは気持ちが楽ですが、真面目なお母さんほど自分で立てたスケジュールに縛られて、ストレスをためてしまいます。いい意味でいい加減な方がイライラしなくてすむのではないかと思います。スケジュールが親の都合になっていないでしょうか。子どもの視点に立っているでしょうか。もし、あなたがスケジュール通りに進まないことにストレスを感じていたら、ちょっと振り返ってみてください。

インターネットや雑誌などで調べた乳幼児の発達の目安を気にしすぎるお母さんもいます。書かれている目安よりも自分の子どもの発達が遅いと、とても不安になって自分の育て方が悪いのではないかと心配になってしまうのですね。でも子どもの発達は個人差があるもの。離乳食にしてみても、生後５、６カ月ごろから始めるのが目安といわれていますが、なかには離乳食初期のドロドロ期は食べるのをいやがり、７、８カ月のツブツブ期から食べ始める赤ちゃんもいるくらいです。ネットや本、周りの人に振り回されてしまうと、子どもが何かできるようになった喜びや楽しみを感じにくくなってしまわないでしょうか。子育てを「楽しい」と思えなくなり、こなすだけの子育てになってしまうと、お母さんはしんどくなります。

お母さんのストレスを少なくするためには、一生懸命になりすぎないで、少しゆる〜く考えてみるのがいいと思います。スケジュール通りにいかなかったり、子どもがお母さんの思うようにならないことは、お母さんの能力不足ではありません。みんなそんなものです。自分を責めないでくださいね。

社会全体がお母さんに厳しい目を向けている

「電車の中で子どもが泣き始めたら、迷惑そうな顔で舌打ちをされた」といった話を聞くと、今のお母さんたちの子育ては大変だなあと思います。とりたてて昔がよかったわけではありませんし、今はベビーカーに子どもを乗せたまま電車に乗れるなど、昔よりも楽になったこともあります。でも、うるさいと感じた子どもの泣き声に対して不快感をあらわにするなど、自分にとって不快なものを排除したいというムードが強まっているような気がするのです。迷惑をかけたり、かけられたりすることを互いに受け入れる「おたがいさま」という気持ちが薄くなっていないでしょうか。

迷惑をかけているのが子どもだと、母親が責められます。子どもの評価がお母さんの評価そのものになっています。だからお母さんは子どもを「ちゃんとさせないといけない」と思い、子どもが「ちゃんとできない」と、「私のせい?」と自分を責めてしまいます。これも今のお母さんがストレスフルになっている原因の一つではないでしょうか。

もっと子育てしやすい社会になるように、私も努力していきます。子育てしているお母さん同士も協力していきましょうね。

私のドタバタ子育て❶

できないことよりも いいところに目を向ける

私の息子は小学校入学後、サッカーを習い始めました。自分の息子が楽しそうにボールを追いかける姿を見ることが私の夢でもあったのですが、そもそも運動が苦手なことに加え、幼稚園からサッカーを習っている子が多く、レベルの差がはっきりありました。練習や試合を見ていても、どうしても息子のヘタさに目がいってしまいます。息子もお友達から「お前は下手くそだから入るな」と言われたりしていました。

しばらくは、「どうしてできないの？　もっとがんばって、うまくなってほしい！」と思っていたのですが、あるとき、私が息子のできないところばかりに目を向けていると、息子も「僕はできないんだ」という気持ちをつのらせてしまうと気づきました。

それからは「サッカーを

上達させよう」と思うのではなく、「この子が得意なことは何かな？」という視点で息子を見るように意識しました。「いいところを伸ばしていかなくちゃ」と思い、サッカー以外のいろいろな習い事も体験させました。

そのなかで本人が「やりたい」と言ったのがドラムでした。ドラムを始めてから、息子はすごく変わりました。楽しそうだし、積極的になってきたのです。習っている子が珍しいということもあって、人から「ドラムやってるんだ、すごいよね」と言われたりすると、得意そうにしています。

私は息子にサッカーをやってもらうのが夢だったけれど、その思いにしがみついていたら、「どうしてあなたは他の子みたいにうまくできないの？」と苦しくなっていたと思います。

子どもを周りと比べるのをやめようとしても、なかなか難しいと思います。だったら視点を変えて、「子どもが好きなことを伸ばそう」と考えてみませんか？　苦手を克服させようとするよりも、子どもが興味をもったことや得意なことをいっぱい増やすようにするのです。

私はこんな視点で子育てをするようになってから、見守る側として楽になれたし、息子も「がんばらないといけない」と気負うことがなく、ありのままの自分でいられるようです。

第二章　しつけってなあに？

「愛のムチ」という名の体罰をしないために

しつけと体罰の違いを知る

イライラ子育てにさよならするために、まず知っておいてほしいのが、しつけと体罰の違いです。この二つは、時に境界があやふやになってしまいがちなものです。体罰をしつけと勘違いしないために、二つをはっきりと区別して認識しましょう。

まずは、しつけです。しつけの目的は、子どもが社会に出たときに困らないようにすること。縫い物をするときの「しつけ糸」は、本縫いの縫い目が曲がらないようにするため、事前におおまかな道筋をつけていくものですね。そして、本縫いができたら抜いてしまうもの。このしつけ糸と同じように、しつけはおとながおおまかなガイドをすることによって、子どもが自分で自分をコントロールできるようになり、自分を律する自律心を育てていきます。

一方、体罰は恐怖や痛みで子どもを従わせること。子どもの言動をコントロールするための即効性はありますが、それは子どもが恐怖や痛みから逃れるために言うことを聞いているだけのこと。「怖いから」「痛いから」という理由でおとなの言うことを聞いているから、「なぜいけないのか」を学ぶことができません。「やってはいけない理由」がわからないと、体罰をする怖いおとながいなければ、同じことを繰り返してしまいます。体罰でしつけの目的である自律心を養うことはできません。

「叩く・つねる」だけが体罰ではない

体罰と聞くと、叩くなどの体への暴力をイメージするでしょうが、私は、怒鳴ったり威圧的な態度をとったりするのも体罰だととらえています。子どもの言動に腹を立てて、ドアをバタン！と大きな音を立てて閉めたり、物をボン！と乱暴に置いたり、子どもをおびえさせる行為はすべて暴力であり、体罰です。

子どもにとって、本来、安心感を与えてくれるはずのお父さんやお母さんから恐怖を与えられると、とても混乱して、アタッチメント（愛着）が形成されにくくなります。アタッチメントとは、乳幼児期（特に0～5歳までが最適）に、特定の人との間に形成される情緒的な絆のことです。身体的、精神的欲求を無条件に満たされることが繰り返されることによって、信頼感や安心感をいだくようになります。

情緒的な絆ができると、お母さんがいなくても平気で遊べるようになります。不安になったときにお母さんのそばに行けば安心できることがわかっているから、一人でも遊べるようになるのですね。安心して戻れる港があるから、大海に船を出していけるように、自分を守ってくれるお母さんやお父さんがいるから、子どもは少しずつ自立していくのです。アタッチメントは子どもの発達の土台となるとても大切なもの。本当なら、一番安心できる存在のお父さんやお母さんが怖い存在になってしまってはいけません。

また体罰を続けていくと、あるときを境に虐待へと進んでしまう場合もあります。体罰はしつけとは全く違うもの、危険な行為です。

子どもは暴力で支配されやすい存在

対等な人間関係は、意見に違いがあっても、ゆずったり話し合ったりできます。一方、どちらかが力をもっている人間関係では、力をもっている側が話し合いを拒否し、一方的に自分の意思を通すことが可能です。権力と支配が強い関係といえます。

夫婦を例にしてみましょう。例えば、夫婦で1台の車を共有している場合。車を使いたい日が重なったら、どちらかがゆずることになります。妻が夫に「この前はあなたにゆずったから、今度は私に使わせてくれない?」とか、「どうしても車が必要だから、悪いけどあなたは電車で行ってくれない?」とか、普通に言えるのが対等な関係です。「そんなことを言ったら怒るんじゃやないか」と言い出せない場合は、対等な関係ではありません。大げさに思うかもしれませんが、妻は夫に支配されています。夫は、言葉や威圧的な態度・ムードといった暴力で妻を支配しているといえます。

最近は女性のほうが強くなり、こうしたケースは少ないかもしれませんが、子どもに対しては、「子どもである」という理由だけで、支配する関係をつくってしまう可能性があります。よくお母さんが言いがちな言葉に、「おもちゃを片付けられないなら捨てるよ!」がありますが、これも支配するための暴力です。

そもそも、子どもとおとなでは、圧倒的な力の不均衡があります。この不均衡により、おとなの権力と支配を利用した「力の濫用」が起きやすいのです。子どもは、子どもであるという理由だけで暴力にあいやすい存在なんだということを、まず母親自身がわかっていないと、子どもが自分のイライラをぶつける相手になってしまいます。友達や同僚には自分の気持ちをコントロールして話せるのに、子どもには自分の感情のままに強い口調や態度になってしまいがちではありませんか？　もちろん「私はあなたのことをこんなに思っているのよ！」という気持ちから感情をぶつけてしまうことはあります。でも、そうしたこととは無関係に、夫の態度に腹が立ったときに夫への当てつけとして、子どもに大きな声で怒ってしまった経験のある人も多いと思います。

「子どもの権利条約」というものがありますが、こうして条約をつくらなければ権利が守れないくらい、子どもはあやうい存在なんだということ。「子どもは一人の人間なんだ、一つの人格なんだ」という気持ちを強くもち、いやなことがあっても子どもにイライラをぶつけないようにしなければなりません。世界では、現在49カ国で体罰禁止法が施行されています。「子どものしつけのため」という理由で体罰をするのではなく、暴力以外の方法で解決をしていかなければいけません。

怒りやストレスと上手に付き合う

怒りの本当の原因は何？

次のような状況を想像してみてください。

「朝、あなたはパートナーとけんかをしてしまいました。ただでさえ疲れているのに、気分は最悪。そんなとき、子どもが遊び食べを始めました。注意してもますますエスカレートしてしまい、子どもがお皿を床に投げ出しました。いつも『遊び食べはいけない』と言ってるのに！　怒りが爆発しそうで、全身がわなわなと震え出します」

あなたの怒りの原因は何でしょうか？　子どもが遊び食べをしたこと？　お皿を床に投げ出したこと？　それともパートナーとのけんか？

たしかにそれらのことで怒りの感情がわき上がってきたのですが、怒りの本当の原因は、「疲れている」ことです。そのほかは怒りを爆発させるきっかけに過ぎません。

疲れているなどストレスがたまった状態が続くと、何かのきっかけで怒りが爆発してしまいます。きっかけは夫だったり親だったりさまざまありますが、お母さんの場合は子どもがきっかけになりやすいということを知っておいてください。体罰のところで述べたように、子どもは弱い存在です。また、「わが子=私のもの」と思ってしまい、自分とは別の人格をもつ一人の人間としてとらえにくいので、怒りをぶつけやすいのです。爆発した怒りがおさまると、「言い過ぎてしまった」「もうあんなふうに怒らない!」と反省するのですが、怒りの本当の原因は子どもではなくストレス。子どもが同じことをしても、自分の気持ちによって対応が変わることがありますよね。鼻歌を歌いたい気分のときと、疲れているときやイライラしているときでは、出てくる言葉が違うはずです。

お母さんがストレスをかかえているときに子どもが困ったことをすると、イライラが増幅して感情的に怒ってしまいます。それでは、本当の意味でのしつけにはならないし、親子関係もいい方向には向かいません。しつけも親子関係も、うまくいくための鍵は「お母さんのストレスをコントロールする」ことにあります。

自分のなかにある「怒りの地雷」を取り除く

「疲れている」や「がまんしている」など、ストレスとしてたまっているものを、私は「怒りの地雷」と呼んでいます。子どもは「怒りの地雷」をよけて接してはくれません。地雷があろうがなかろうがお構いなしに、いつまでも寝なかったり、ジュースをこぼしたり、電車の中で騒いだりします。地雷を爆発させないためには、小まめに地雷を取り除かないといけません。小まめにストレスを取り除くということです。怒りの地雷がなければ、子どもがきっかけとなって地雷が爆発することもありません。爆発させたあとで「私って、なんてダメなんだろう」と自己嫌悪に陥ることも減っていきます。

自分がどんなときにストレスを感じるのか、立ち止まって考えてみましょう。すると、自分のストレスのくせが見えてきます。先にも述べましたが、お母さんたちに多いのは、自分の思うようにいかなかったり、スケジュール通りにいかなかったりするとき。0〜1歳のお母さんでは、寝不足や疲れているときにストレスを感じる人も多いですね。ちなみに、同じ質問をお父さんたちにすると、「おなかがすいているとき」とか「食べたい料理が出なかったとき」という声があがります。男の人ってわがままというか、単純ですね（笑）。

私は仕事で忙しくて疲れているときにストレスを感じます。そういうときはたいてい仕事がたまっているので、帰宅して夕食の用意を始めても、「ごはんが終わったら仕事をしよう」と思っていて、仕事モードから切り替わっていないんです。そんなときに子どもからイラっとするようなことを言われると、トゲトゲした対応になってしまいます。

これに気づけたのは、現在19歳になる娘のおかげ。娘って高校生くらいになるとシビアで、「ママ、自分の機嫌が悪いからって、私にそういう言い方しないでね」「ママはふだんはそういう言い方しないでしょ」なんて言うんです。そこで、「そんなことない」と反論してしまい、翌日、「自分が悪いことを謝れないのって、おとなとしてどうなのかな」とＬＩＮＥで責められたこともありました（笑）。反省しないといけませんね。

しつけについての話はここで終わりです。次の第三章では、イライラ育児にさよならするための、具体的な技術を紹介していきます。

私のドタバタ子育て❷

子どもとの約束はかわいそうでも絶対にゆずらない

うちの息子はすごいかんしゃくもちでした。自分の思い通りにならないとひっくり返って泣き叫び、ひきつけを起こしそうになるほど。救急車を呼んだほうがいいのではと思ったことが何度かありました。

保育園の先生に相談をすると、「買い物に行ったとき、お子さんが『お菓子を買って』と言ってひっくり返って騒いでも、1時間泣いても、言うことを聞かないでください。これだけは絶対に守り続けてください」と言われました。

経験のあるお母さんはたくさんいると思いますが、やってみるとこれが本当に大変。「かわいそうだし、もう子どもの言うことを聞いてあげよう」と何度思ったことか。でも、ここで言うことを聞いてしまうと、「ここまで泣いて叫んだら、お母さんは言うことを聞いてくれるんだ」と思われてしまい、同じことの繰り返しになる。そう思って心を鬼にして続けました。

するとが、徐々に「お母さんの言うことは絶対だ」と思うようになったのか、自分のわがままを通そうとすることが減ってきたのです。

この経験がもとになって、子どもとの約束事も、絶対に守るし、守らせています。「かわいそうかな」と思っても折れることはしません。私との約束は絶対です。

先日、「ごはんができたよ」と声をかけても、息子はずっとゲームで遊んでいて、なかなか食卓に来ませんでした。やっと来たと思ったら、「なんだ、魚かあ」と文句を言って、あげくのはてに行儀の悪い食べ方をしたんです。これはわが家では絶対NG。「出されたた料理にケチはつけない」「行儀よく食べる」は、わが家の大事な約束事なのです。どちらの約束も守れなかったら、「食べなくてよろしい」です。夫は甘いので、「もうしないって言ってるんだから、許してあげれば」と言いましたが、私は許しません。結局、息子のこの日の夕飯はご飯ひと口だけ。きっと息子は、「またやっちゃったよ」と思ったことでしょう。

第三章　7つのハートでイライラしない

【♥1】ストレス解消法を探す

私は子育て講座で「7つのハート」という、イライラ育児からさよならするための具体的な技術を伝えています。技術は、乱暴に言ってしまうと、気持ちは関係ありません。「イライラしないようにする」と気持ちを変えるのではなく、技術を使うことで気持ちのほうを変えていきます。7つの技術を全部やらなくてもかまいません。「これならできそうだな」とあなたが思うものから始めてみてください。

一つめの技術は、「ストレス解消法を探す」です。

まず、自分のストレスを見つける作業から始めます。私の子育て講座では、「ワーク」といって、ある問題について参加者のお母さんたちに考えてもらい、発表する時間を設けています。自分の考えを言葉にすると、頭の中が整理されていき、自分を客観視できるようになります。そこで、本書にも「ワーク」を設けました。自分の考えを書き出すことで、普段の子育てを振り返り、自分の行動を見つめ直すきっかけになると思います。

それでは次に、自分のストレスを見つめるための「ワーク」をやってみましょう。自分の傾向がわかってくると、「そろそろたまってきたな」「ガス抜きしないとヤバいぞ」と爆発させる前に対処ができるようになってきます。

[3 minutes work]

自分のストレスの傾向を知ろう

このページに書き出してみましょう。

◆あなたはどんなときにストレスを感じる？

例…子どもが泣いたとき、夫が食後の食器をテーブルに置いたままにするとき

◆あなたはストレスが積み重なるとどうなる？

例…子どもにキツい言い方をしてしまう、やけ食いする

「ワーク」であなたが書き出した「ストレス」は何ですか？　ストレスをためないようにするためには、自分が実践できるストレス解消法を見つけることが一番です。

例えば、アロマを焚いておいしいハーブティーを飲んでみる、子どもが寝ている間に一人でお風呂にゆっくり入る時間をつくるのもいいかもしれません。また、ときには子どもと離れて自分の時間をつくるために、保育つきの無料講座に参加してみたり、一時保育に預けたりしてもいいですね。ストレス解消のための時間を意識してつくることは、イライラ育児から解放される第一歩です。

子育て講座でも、お母さんたちに「ストレス解消法は一つだけじゃなく、何個もつくろう」と話しています。一つだけだと飽きもくるし、例えばお風呂に入るという解消法だと、すぐに実行できないときもありますよね。たくさん解消法をもっていれば、そのとき、その場所に合わせて選ぶことができますし、「どれにしようかな？」と選ぶこと自体も楽しめます。ストレス解消法は「いっぱいもってるもの勝ち」です。

私の最新のストレス解消法は「ウサギを抱っこ」

私の息子は、現在小学5年生。今年の息子の夏休みは、私が新しいストレス解消法を実践するいい機会になりました。4年生までは、夏休みの宿題を「きょうはここまでやる日だよね」と声をかけてこまかくチェックしていたのですが、「もう5年生だから、親が見ていなくても自分でやってほしい」と思い、口出しを控えることにしました。息子は「ちゃんとやるよ」と言うのですが、様子をうかがっていると、ちゃんとやっているようにはまったく見えません。イライラがつのってきて、「そんなんじゃや、宿題終わらないわよ！」と怒鳴りたくなります。

そこで私の新しいストレス解消法の出番です。飼い始めたばかりのウサギを胸に抱いて、イライラがおさまるまでじーっとしています。そして平常心に戻ったところで、息子とどうすれば宿題を計画通りにできるのか話し合いました。イライラした気持ちのまま話していたら、息子のちょっとした反応にブチッとなって、怒りをぶつけていたと思います。ウサギのやわらかい毛や、あたたかさがいいのでしょうか。抱きしめていると、不思議とイライラした気持ちが薄れるので、息子の宿題以外のことでもイライラしてきたら、ウサギをギュッ。うちの家族は、ウサギを抱きかかえている私を見ると、「ママは何かいらだってることがあるけど、がまんしてるんだな」と思っていたようです（笑）。

では、次の「ワーク」をやってみましょう。あなたがやってみたいストレス解消法は何でしょうか？　先に紹介したもののなかから選んでもいいですし、すでにやっている解消法でもかまいません。

[3 minutes work]

あなたのストレス解消法は？

このページに書き出してみましょう。

例…ストレッチをする、キッチンのシンクをピカピカになるまで磨く

自分にご褒美をあげる

お母さんって、なかなかご褒美をもらうことがないですよね。独身のときや子どもが生まれる前は、「がんばった自分にご褒美」という名目で、おいしいものを食べたり、洋服やアクセサリーを買ったりしていた人でも、子どもができると自分のためにお金を使わなくなる傾向があります。ありあまるお金があれば違うかもしれませんが、多くのお母さんは「私のために使うより、今は子どもにお金を使いたい」と考えるようです。

一方、夫は、母となった自分の妻がそんなふうに思っていることをおそらく知りません。わが夫も、私が自分の趣味にお金を使うことに逡巡していると、「きみ、それやりたいんでしょ？　だったらやればいいじゃない」とよく言います。夫からすると好き勝手にやっているように見える私でも、自分の趣味にお金を使うより、子どもや家族のために使いたいと思います。どんなお母さんもそうした気持ちが強いのではないでしょうか。
だからこそ、何かにつけて自分にご褒美をあげてほしいのです。「早起きができた」「料理の味付けがうまくいった」など、日常の小さなことにご褒美をあげてください。ご褒美の内容は、自分がうれしいことならちょっとしたことでOK。高額だったり手間のかかることだと、ご褒美の回数をけちってしまいますから（笑）。アイスクリームを1個買うとか、ちょいちょいできるレベルにしておくのがコツです。きょうは特別がんばったから、コンビニではなくケーキ屋さんでちょっと高いケーキを買うというように、特別なご褒美をつくっておいてもいいですね。

では、「ワーク」をやってみましょう。あなたが自分にご褒美をあげるとしたら、どんなものにしますか？　ちょっと気持ちがあがって、家計に無理のないご褒美を考えてください。

[3 minutes work]

あなたの「ご褒美」は？

このページに書き出してみましょう。

例…花を買って部屋に飾る、おいしいお菓子と紅茶を買ってティータイムをとる

自分の「いいとこ日記」をつける

子どもが生まれて「お母さん」になると、「○○ちゃんのママ」「○○くんのお母さん」と呼ばれるようになり、自分の名前で呼ばれる機会はぐっと減ります。すると、「お母さん」としてだけの存在になっていき、そもそもの「私」という存在を消してしまっている人が多いように思います。それによって積み重なっていくもやもやした気持ちは、知らず知らずのうちにストレスに繋がってきます。

そこで私がお勧めしたいのは、自分の「いいとこ日記」をつけることです。例えば私だったら、「肌の色が黒いところ」とか「お酒が好きなところ」「すごく不器用なところ」とか……。こじつけかもしれないけれど、自分の「いいとこ」と思える部分を見つめ直していくと、「○○ちゃんのお母さん」だけではない「私」が戻ってきてくれますし、いろいろな自分を許せるようになってきます。

この「いいとこ日記」は、一回作って終わりではなくて、付け足していってほしいものです。そして、自分に自信がなくなったときや、心が折れそうになったときには「いいとこ日記」を見直してみてください。自分に返っていくきっかけになると思います。

よく、「笑っているお母さんがいれば、家の中は明るくなる」と言われます。たしかにそうです。でも現実には、いつも「笑っているお母さん」でいるのはとっても難しいことです。育児は毎日が戦いのようなもの。０歳児がいれば、家ではおっぱい出しっぱなしで、「私はおっぱいマシーンか！」と思ってしまうくらい（笑）。気持ちがいっぱいいっぱいになって、息をするのも忘れるようなときがありますが、「いいとこ日記」をつけながら、「いいじゃん、髪ふりみだしてる自分も。こんな自分も好きだよ」と認めていければ、なくしかけた自己肯定感が戻ってくると思います。

あなたのいいところは何ですか？　「声が大きい」「食べるのが早い」「動物が好き」……、思いついたことを次の「ワーク」に全部書きましょう。ここでは謙虚さはＮＧです（笑）。「ワーク」はあなただけが見るもの。さあ、たくさん書きましょう！

[3 minutes work]

あなたの「いいとこ」は？

このページに書き出してみましょう。

例…料理の盛り付けにこだわるところ、洗濯物を畳むのがはやいところ

〔♥2〕他の子どもと比べない

二つめの技術は「他の子どもと比べない」です。

「他の子と自分の子を比べるのはよくない」と頭ではわかっていても、「あの子はちゃんと挨拶ができるのに、うちの子はできない」、「あの子はお友達におもちゃを貸せるのに、うちの子は叩いてしまう」など、つい比べてしまうのが母親だと思います。

でもその結果、わが子に対して責めるような気持ちになっていませんか。そして、子どもを責めている自分に気づいて、子どもに申し訳ない気持ちになっていませんか。「自分の育て方が悪いから、挨拶ができないんだろうか」、「お友達を叩いてしまうんだろうか」、と、今度は自分を責めてしまう。こうなると、もう負のスパイラル真っ逆さまです。

「周りの子はみんな歩き始めたのに、うちの子はまだ」「他の子に比べて、うちの子は髪の毛がすごく薄い」など、赤ちゃん時代にも他の子と比べてしまうことはあるでしょうが、子どもが保育園や幼稚園、小学校に行くようになると、「あの子はリレーの選手に選ばれた」とか、「あの子の絵が表彰された」とか、「あの子は勉強ができる」とか、他の子と比べてしまうことがたくさん出てきます。

ゴールを遠くに設定すれば、人と比べて苦しまない

あなたは、お子さんにどんな人に育ってほしいですか。優しくて思いやりのある人、素直な人、たくましい人、自立した人などなど、お子さんが生まれたときにいろいろ考えたと思います。特に名前をつけるときは、こんな人になってほしいと思いを込めたのではないでしょうか。

でも、日々子育てしているうちに、そのときの思いを忘れてしまうん

ですよね。それをもう一度思い出してみてください。そして、子育てのゴールを遠くに設定しましょう。例えば、「私はこの子が二十歳のときに、優しくて思いやりのある人になってくれたら満足」と、子育て期間を長いスパンで考えます。お子さんが今2歳ならば、あと18年もあります。

子どもを他の子と比べそうになったときには、子育てのゴールを思い出してみてください。「私はこの子が二十歳になるまでに、○○○○な子に育ててみせる」。その決意に、自信をもちましょう。この話を子育て講座に来ているお母さんたちに話すと、「えー、そんな先?!」と笑いが起こりますが、今できなくても来年にはできることがたくさんあります。幼稚園時代にはできなくても、小学生になったらできるようになることもたくさんあります。時間が必ず解決してくれる問題がたくさんあります。

子育てを長いスパンで考えれば、「今すぐあの子みたいに挨拶できるようにさせないと……」と焦ることが少なくなると思います。先にも書きましたが、今、子どもが食事中にどんなに歩き回っていたとしても、いつかは椅子に座ってご飯を食べる日がやってきます。今すぐに座って食べてほしいと思うと、子どもにキツく「座りなさい！」と言ってしまうし、何度言ってもできないとイライラしてしまいます。でもゴールを二十歳にすれば、そんなに毎回イライラしなくても、普通のトーンで「椅子に座って食べようね」と教えればいいと思いませんか。

比べそうになったら「だから何？」とつぶやいてみる

比べることをやめると、「うちの子は走るのは遅いけれども優しい」とか、「勉強はできないけど、絵がじょうず」とか、いいところを見つけられるようになります。他の子と比較して、自分の子のできないところばっかりに目がいってしまうと、本当にできない子に見えてくるから気をつけましょう。
　私は、子どもを人と比べそうになったとき、「だから何？」とつぶやきます。走るのが遅かろうが、成績が悪かろうが、「今はこうだけど、二十歳になったときは違うよ。そしてこの子には、いいところがいっぱいあるよ」と思います。「だから何？」と思えれば、全部がちっぽけになるよって大きな声で伝えたい！　この「だから何？」は、スケジュール通りに物事が進まないときや、子どもがいうことを聞かずにイライラしているときにも効果的なんですよ。「だから何？」とつぶやくと、「まあ、いいわ。たいした事じゃないかも」と思えるようになります（笑）。

　あなたは、お子さんにどんな人に育ってほしいですか？　次の「ワーク」で書き出してみましょう。人と比べて自分の子育てに迷いそうになったとき、このワークを見返してみてください。

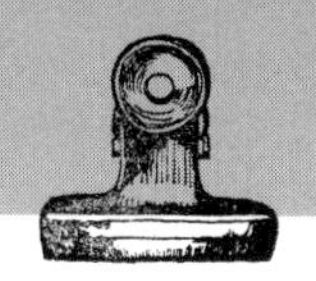

[3 minutes work]

子どもにどんな人に育ってほしい？

このページに書き出してみましょう。

例…素直な人、友達を大切にできる人、賢い人、礼儀正しい人、たくましい人

〔♥3〕成長に合った約束ごとをつくる

「外に出かけたときはお母さんと手を繋いで歩く」「外から帰ってきたら手を洗う」「ごはんの前には『いただきます』、食べ終わったら『ごちそうさま』と言う」。こんなふうに、親子の間で約束ごとをつくっている家庭は多いと思います。

三つめの技術は「成長に合った約束ごとをつくる」です。

子どもと約束ごとをうまくつくると、お母さんはすごく楽になります。

ポイントは、お母さんが一方的に約束ごとを決めるのではなく、子どもと一緒に決めること。「約束の内容」と「守れなかったときどうするか」を話し合って、子どもが納得することが大切です。お母さんが一方的に決めてしまうと約束ではなく命令になってしまい、子どもが自分の意思で約束を守ろうという気持ちになりません。

仮に、子どもがおもちゃを片づけないことで、あなたは毎回イライラしているとしましょう。子どもと話し合い、「おもちゃを片付けなかったら、その日はゲームをしない」という約束になったとします。おもちゃを片付けずに子どもがテレビを見始めたら、怒らずに普通の声で淡々と「おもちゃを片付けないとゲームなしだよ。約束だよね」と言いましょう。たいていの場合あわてて片付けます。もし片付けなかったとしても、怒ってはいけません。ここでも淡々と「約束だから、きょうはゲームなしね」と言って、その日はゲームをさせないだけです。

どうして片付けが必要なのか、その理由は忘れずに話してください。ただし「お母さんが助かる」などの親の都合ではなく、「おもちゃがすぐに見つかるよ」「散らかったおもちゃを踏んで、壊しちゃうことがなくなるよ」など、子どもにとっての理由を説明しましょう。そうしないと、子どもはなぜ片付けたほうがいいのかわかりません。

親も約束を守る覚悟をもつ

「約束ごとを決めたら、必ず親も守ること」。とても重要なポイントなのですが、ここを甘くしてしまうお母さんがけっこういます。例えば、公園で遊んでいるとき「5時になったら帰る」という約束をしたとします。5時になっても子どもが帰ろうとしないと、お母さんは「もう帰るよ、帰るからね！　置いていくよ！」と言うけれど絶対に帰らない（笑）。でもここで帰らないと、子どもは「約束しても口だけなんだ」と思ってしまい、約束すること自体に意味がなくなってしまいます。

約束を決めるときは、お母さんにも「絶対に守る」という覚悟が必要です。きょうは約束を守らないことを許して、明日は許さないという一貫しない態度もＮＧです。お母さんの覚悟のほどを子どもは試します。

「帰る」と言ったら、帰る。「ゲームはなし」と決めたら、絶対にゲームはさせない。子どもが約束を守るためにがんばりましょう！

「無理な約束」はむしろマイナス

もう一つ、親子で決めた約束がうまく機能するために大切なのは、子どもにとって「これならできる」という内容にすることです。年齢的に無理な約束をしても、子どもができなければ意味がありませんし、お母さんもイライラしてしまい、何のための約束だったのかわからなくなります。

たまに「大きすぎる約束」をしているお母さんもいます。例えば、「片付けができなかったら、一週間おやつはなし」という約束。「一週間おやつなし」は子どもにとって大きすぎます。「きょうのおやつはなし」なら、子どもも「しかたないな」と思えるけれども、一週間だと子どもは怒りを覚えるし、親も途中で「まあ、いいか」となり、守れなくなってしまいます。もう一つ、「ごはんを食べなかったら押入れに入れる」など、子どもに恐怖を与える約束はやめましょう。約束が「子どもを支配する道具」になってしまってはいけません。

まずは、あなたが考えた子どもとの約束を左の「ワーク」に書き出してみましょう。そのあとお子さんと話し合って、お互いが納得できる約束ごとをつくりましょう。

[3 minutes work]

どんな約束ごとをつくる？

このページに書き出してみましょう。

例…テレビはソファに座って見る。テレビに近づいたら5分間テレビを消す

【♥4】考え方のプロセスを身につける

四つめの技術は「考え方のプロセスを身につける」です。

「お風呂の時間なのにいつまでもテレビを見ている」「スマホで遊んじゃダメと言っても、勝手に遊ぶ」など、「いつも同じことで怒っています」というお母さんの声をよく聞きます。これは「子どもの困った行為」↓「怒る」という流れが固定化しているせいだと思います。「子どもの困った行為」から一直線に「怒る」へいかないための考え方のプロセスがあります。難しそうに聞こえますが、することは簡単です。

まずは、「いつ、どこで、誰が、何が」起きたのかという、事実の確認です。次に、「なぜ」それが起きたのか、子どもの視点に立って考える。そして最後に、「次に同じことをしないためにどうすればいいのか」を考える。こうした考え方をする習慣が身につくと、同じことで何度も子どもを怒るということが減っていきます。次の例で考えてみましょう。

> ある日の夕方。あなたは、子どもと公園で遊んでいます。でもこのあと、家にお客さんが来る予定があるので、そろそろ帰らなければなりません。あなたは子どもに「帰ろう」と言いますが、子どもは「帰らない！」とぐずりだしました。

この例を、プロセスを踏んで考えると、次のようになります。

●事実を確認する

・いつ…夕方
・どこで…公園で

・誰が…子どもと自分
・何が起きたか…あなたが帰りたいときに、子どもが「帰らない」とぐずった

●「なぜ」それが起きたのか？
子どもはもっと遊びたかったから。いきなり「帰ろう」と言われたから。

●次からはどうすればいいか？
お客さんが来ることがわかっていてゆっくり遊べないのであれば、公園ではなく家の前で遊んでいればよかったかもしれません。もしくは、子どもが「帰らない」と言うのは想像がつくので、10分くらい前に「そろそろ帰るよ」と予告しておけばよかったかもしれません。携帯電話の

タイマーをセットしておいて、「音が鳴ったら帰る時間だよ」と前もって話しておくのもいいでしょう。

子どもの視点に立って考える

このように、物事を整理して振り返ってみると、いろいろな対策が考えられます。思い通りに進まないときや子どもの行動にイライラしてしまうときは、「この子は何を考えてどうしたいんだろう？」という視点をもってみてください。子どもには、子どもなりの理由が必ずあります。子どもの視点に立って考えることで、子どもの行動に対してどうアプローチすればいいかが見えてくるものです。

子どもが保育園や幼稚園に通っているお母さんのなかには、お友達のお母さんから「おたくの子にこんなことをされた」と苦情を言われた経験のある人もいると思います。そんなときはお友達のお母さんの言うことを鵜呑みにせず、自分の子どもにも聞いてみてください。子どもは子どもなりの考えがあるのに、頭ごなしに「○○ちゃんを叩いたんだって！ダメじゃない！」と言われたら、もう自分の考えは話せません。でも、「どうしてそういうことしたの？」と聞いてもらえれば、「こうだった」と話せるかもしれません。もし、子どもが「ぼくのものを取られていやだったから叩いた」と言ったら、「いやだったからって叩いちゃいけないんだよ。『返して』ってお口で言うんだよ」という話に発展していけます。そして相手のお母さんにも、「うちの子が言ってるのも本当かどうかはわからないけど、こういうことがあったらしいんだけど」と会話ができます（ただ、相手のお母さんが「わが子は正しい」と思い込んでいると難しいですが……）。

子どもの視点に立って見ていこうと思えば、親側の「こうしてほしい」という思いでいっぱいにならず、「どうしてそういうことしたのかな」と、子どもの考えや気持ちを引き出す言葉が出てくると思います。子どもが話してくれなくてもかまいません。お母さんが聞いてくれたことが、子どもにとっては大切なのです。無理に聞き出す必要はありません。

戦略を考えて子どもとの知恵比べを楽しむ

子育て中のお母さんは忙しいもの。「子どもの視点に立つ余裕なんてない」「ゆっくり振り返って考える暇もない」と思うかもしれません。でも、目の前の子どもの行動に対して、反射的に対応しているままだと、同じことの繰り返しです。子どもを寝かしつけてちょっと落ち着いたときや、夜眠る前にでも、「あのとき、どうすればよかったのかな?」と考えてみてください。この習慣が、同じことで何度も怒って自己嫌悪に陥る……という時間を減らしていきます。

考え方のプロセスが身につくと、子どもの困った行動にも余裕をもって応じられます。例えば、出かける直前になって、子どもが玄関先で「この靴はいや！」とごね始めたとします。そのとき、「どうしてこの子は靴を履きたがらないだろう？」と考えてみる。子どもがいやがった理由は、自分で選びたかったからかもしれません。イヤイヤ期の子は特にそうですね。2足用意しておいて、子どもに選ばせるのも手です。そうすれば、子どもは自分で選んだ満足感から、すんなり靴を履くかもしれません。それでもぐずってしまうかもしれません。でも、考え方のプロセスが身についてくると、「これじゃダメなんだ。じゃあ今度はこうしてみよう」と、子どもとの知恵比べを楽しむような感覚で対応する余裕が生まれます。これは、子どもが何歳になっても必要なことだと思います。

では、「ワーク」をやってみましょう。先に紹介した例と同じ要領で考えていってください。

[3 minutes work]

困った事態を分解してみよう

下の例を読んで、質問の答えを書き込みましょう。

「幼稚園から帰ってきたら、園バッグを片付けなさい」と、
いくら言っても片付けない。

◆事実を確認する

いつのできごと？

どこで起きた？

誰に起きた？

何が起きた？

◆「なぜ」それが起きたのか？（子どもの視点で）

◆次からはどうすればいいか？

〔♥5〕的確な言葉づかいをする

子どもにやってほしいことを言ったり、注意したりするとき、わかりやすい言葉を使っていますか？　お母さんは、「私の言うことをわかってるはずなのに、この子はなんでできないの？」と思っているけれど、意外と子どもにはお母さんの言葉が伝わっていないことがあります。「子どもに同じことを何度も注意しています」という場合、もしかすると、お母さんの言っていることが難しくて、子どもが理解できていないのかもしれません。もしくは、「そうする理由」「そうしてはいけない理由」が理解できていないのかもしれません。

「どうしてできないの？」と思うとイライラしてしまいますが、理解できていないと思えば、わかるように伝えようと思えますよね。そこで五つめの技術は、「的確な言葉づかいをする」です。

簡潔に、わかりやすく話す

一つ目のポイントは、簡潔に話すこと。「どうしてお店で走り回るの？　他の人の迷惑になるからダメっていつも言ってるでしょう。何回言ってもわからないんだから。この前だってスーパーで……」。こんなふうに、長々と怒っていませんか？　これでは、子どもに「なんだかお母さんは怒っているぞ」ということが伝わるだけで、肝心の「どうすればいいか」が伝わりません。

絵本を思い出してみてください。対象年齢が低いほど、簡単な言葉が使われていますし、一つの場面に書かれている言葉の数も少ないですよね。子どもの年齢に応じて言葉のレベルや数が工夫されています。それと同じで、幼い子ほどなるべく簡潔に、わかりやすく伝えるよう意識してみましょう。

してはいけないことではなく、してほしい行動を伝える

二つ目のポイントは、やめてほしいことよりも、してほしい行動を伝えること。「お店の中では走らないで」と言われても、「走らない、走らない……じゃあどうすればいいんだろう?」と思うのが子どもです。「お店の中では歩こうね」というように、してほしい行動を言葉にしたほうが伝わります。

してほしい行動は、具体的に伝えることも大切です。お母さんたちは、よく「ちゃんとしなさい」という言い方をしがちです。「お店ではちゃんとしなさい」「ちゃんと食べなさい」「ちゃんとしないとだめでしょ」。これって、「ちゃんとした姿」を思い描けているのはお母さんだけで、子どもは、「『ちゃんと』って何?」と思います。「スーパーに着いたら

ちゃんとしてね」ではなく、「スーパーに着いたら、ママのそばにいてね」というように、子どもにしてほしい行動を具体的に伝えましょう。

子どもの気持ちに共感する

三つ目のポイントは、共感的な言葉を添えること。これには二つのメリットがあります。一つめはお母さんにとってのメリットです。「走っちゃだめでしょ！」と叱りモードからスタートすると、自分の負の感情がうわーっとわき出て、怒りの言葉が続きます。でも、「走りたい気持ちはわかるよ」と子どもの気持ちに共感する言葉からスタートすると、不思議なもので次に出る言葉も穏やかなものになります。

二つめは子どもにとってのメリットです。スーパーで走り回る子どもに、「走っちゃいけません！」と言うと、子どもはどんな気持ちになるでしょうか？　「はい、わかりました」と素直に納得する？　そんなことはないですよね。その場はおとなしくなったとしても、頭ごなしに叱られて機嫌が悪くなるはずです。気持ちの奥底に、「お母さんは自分の気持ちを受け入れてくれない」という不満があるのです。

子どもの気持ちを否定するのではなく、最初に「広いところで走るのって楽しいよね」と共感して、次に「でもお店では歩こうね」と、してほしい行動を伝えます。子どもは、自分の「走りたい」という思いをわかってくれたと思い、それだけで気持ちが少し落ち着きます。「そのかわり、明日、公園でいっぱい走ろうか」など、子どもが喜びそうな代案があれば、なおいいですね。

多くのお母さんが混同しがちですが、子どもの気持ちに共感することと、行動を受け入れることは別物です。「お母さんは自分の気持ちをわかってくれる」と思えると、がまんする力が後押しされます。

より「伝わる」テクニック

子どもに伝わる言い方は、言葉づかいに加えて、伝えるタイミングも重要です。例えば、目を離すとすぐに道路に飛び出してしまうという場合。走り出してから叫んでも、子どもの耳には入りません。歩道を普通に歩いている間に、「歩道を歩こうね。道路に飛び出すと危ないよ」と言っておきましょう。ただ、子どもは興味のあるものが目に入ると、興味の対象しか見えなくなりますから、くれぐれも注意してくださいね。

また、幼稚園児くらいになれば、してほしい行動を伝えたあと、その行動をするとどういうメリットがあるのかも話すと効果があがります。「スーパーではお母さんのそばにいてね。そしたら早くお買い物が終わっておうちに帰れるから、一緒にトランプができるよ」など、子どもにとってのメリットを伝えるのです。子どもって、自分にとってのメリットに敏感です。

「お母さんは忙しいんだから、言うことを聞いてちょうだい」という態度では、「それはお母さんの都合でしょ」と感じてしまいますし、そこまで理解できない年齢だと、「お母さんは忙しい。でもボクは忙しくない」と頭の中が「?印」でいっぱいになってしまいます。「お母さんの言うことを聞くと、自分にとっていいことがあるんだ」と思えると、素直に従おうという気持ちになれるもの。おとなも同じですよね。

次の「ワーク」では、お母さんが遭遇しやすい困った場面を挙げてみました。あなたならどんな言葉でお子さんに伝えるか考えて、書いてみましょう。一つめの場面、「病院や電車の中などで子どもが走り回ったとき」は、「他の人に怒られるから」という理由を使わずに考えてみてください。ちょっと難しくなりますが、「他の人に怒られるから」以外の理由が重要です。

[3 minutes work]

こんなとき、あなたはどう言う？

このページに書き出してみましょう。

◆病院や電車の中などで子どもが走り回ったとき

例…静かに歩いてね。病院は走る場所じゃないよ

◆おうちでの食事中、子どもが席を立ったとき

例…座って食べようね。そのほうがおいしいよ

【♥6】ほめて育てる

初めてお子さんが言葉をしゃべったとき、立っちしたとき、歩いたとき、きっと「わ〜、すごいすごい！」と、心からほめていたはず。3、4歳くらいまでは、初めてできることがたくさんあって、「うちの子、天才かも」とみんな思います（笑）。でも、お子さんが大きくなるにつれて、ほめることが減りがちです。その理由は、「できて当たり前」と思うことが増えたから。「最近、ほめるより叱ってばかり」というときこそ、意識的に子どもをほめてほしいのです。

そこで、六つめの技術は「ほめて育てる」です。

ほめることは、子どもの行動を、ひいては存在を認めること。できていることを認められることで、子どもは「お母さんは自分を見てくれている」と安心感をもち、自己肯定感を高めていきます。反対に認められないと、不安や寂しさ、怒りを感じ、やる気も自信も失ってしまいます。

ハードルを下げて「ほめどころ」を見つける

子どもをほめましょう、と言うと、お母さんたちは「うちの子、ほめるところがないんです」と言いますが、それは「ほめる」のハードルが高いから。靴下を履き終わってからほめようとすると、なかなかほめられません。子どもが履こうとしたときに「一人で靴下履けるんだ。えらいね」とほめるんです。こんなふうに、「○○ができたら」ではなく、「○○をやろうとしたら」くらいに、ほめるハードルを下げてみてください。

また、「それくらいできて当たり前」と思っていると、なかなかほめられません。「きょうも遅刻しないで幼稚園に行けたね」「ちゃんと歯みがきできたね（10歳の子にも）」。これだって、立派なほめることです。

ほめるといっても、必ずしも「すごいね」「えらいね」と言う必要はありません。「ごはんを全部食べられたね」「おもちゃを片付けられたね」と、子どもの行動を言葉にするだけで、子どもは認められたと感じます。

私は19歳になった娘から「ママって、私のことほめないよね」と言われてドキッとすることがあります。あるとき娘に「『テーブルの上のコップを出しっ放しにしないで』っていつも言われるから、昨日はちゃんとしまったんだよ。でも、ママ気づいてないでしょ?」と言われました。本当は「あら、片付いている!」と気づいていたのですが、「できて当たり前」と思っていたから何も言わなかったのです。娘は「片付けたんだ。えらいね」という言葉がほしかったわけではないはず。いつも口うるさく「片付けなさい」と言っているのに、「片付いていることに気づかないってどうなの?」と感じたのだと思います。私がひと言「片付けたんだね」と言えば、娘は私がちゃんと見ている、認めていると感じたでしょう。

人は他者からの承認がないと、生きていくことがつらくなります。人はいくつになっても、ほめられたり認められたりすると、うれしいのです。特に子どもはほめられるのが大好きです。

「かわいい、かわいい」で育てた息子の自信

先ほどお話しした19歳の娘が小さかったころ、ママ友のなかに、自分の子を「かわいい、かわいい」とほめて育てていたお母さんが何人かいました。そしてその子たちが折にふれ、いろいろなことに自信をもってチャレンジする姿を見てきました。その後私は、娘と年の離れた息子を生み、実験する気持ちで「かわいい、かわいい」と息子を育てました。

例えば、運動が苦手な息子は、運動会では派手な活躍はしません。でも、「かっこよかったね〜、あなたはママのヒーローだよ〜」と言って

います。息子のママ友からは笑われていますが、ほめてあげるのは親しかいないですからね。小学校低学年までは人見知りも激しかったのですが、今ではあれもこれもやりたいと、いろいろなことに興味を示すようになりました。最近驚いたのは夏休みのキャンプ。私が仕事で忙しくて同行できなかったのですが、息子が「一人でも行きたい」と言ったので参加させました。周りはみんな親子で来ていたなか、ほとんど知り合いもいなかったのに、一人でも物怖じせず参加して、「楽しかったよ」と帰ってきました。これには本当に驚きました。ほめられ、「かわいい、かわいい」と言われることで、自分を丸ごと受け入れられていると思え、外での自信に繋がったのではないかと思っています。

さて、「ワーク」です。お子さんの「いいところ」を書き出してみましょう。10個以上はありますよ。

[3 minutes work]

子どもにかけたい「ほめ言葉」を考えよう

このページに書き出してみましょう。

例…ごはんをいっぱい食べる、よく寝る、電車にくわしい、笑顔がかわいい

【♥7】怒りの沈め方を見つける

「イライラ子育てにさよなら」するための最後の技術になりました。

7つめの技術は、わき上がってきた「怒りの沈め方を見つける」です。

ここまで、「ストレス解消法を探す」「長い目でゴールを見据える」「成長に合った約束をつくる」……と、お母さんがストレスをためない方法を紹介してきました。これらを実践するとストレスは減っていきますが、それでもイラッとしたり、カッとなったりする瞬間はあります。そのときの怒りの沈め方を見つけていきましょう。

怒鳴ってしまう前にできること

怒りを沈める方法の前に、怒り出す前の自分の状態について考えてみます。怒る前に何か自分のなかに変化を感じませんか。「声が高くなってきた」「早口になってきた」とか、人によっていろいろありますが、私の場合はため息が出始めるのが、怒り出すサインです。まずは、自分の心の変化に気づくようにしておくことが大事です。

さて、怒りの沈め方です。子育て講座で、どうやって怒りを沈めているかをお母さんたちに聞くと、人によって実にいろいろな方法があります。よく聞くのは、深呼吸をする、数を数える、隣の部屋に行って気持ちを切り替えるという方法です。他にも、手首につけた髪留めのゴムをパチン、パチンとはじくという人や、イライラしてきたらその場でジャンプするという人もいました。

また、これは意外だったのですが、鏡で自分の顔を見るという人もいました。その方法を聞いてから、すごくイライラしているときに自分の顔を鏡で見たら、「こんなに険しい顔してるんだ」とびっくりしました。

心の状態って顔に出るのですね。

どんなやり方であれ、怒りを沈める方法は、ストレス解消法と同じく、いっぱいもっているほうがいいですね。やってはいけないのは、子どもの前で物にあたるなどの暴力的な行動です。子どもに直接暴力をふるわなくても恐怖を与えてしまいます。でも、「クレヨンしんちゃん」に登場するお母さんみたいに、子どものいないところに行って、クッションをボン！と叩くのはありですね（笑）。クッションを叩いている姿を子どもに見られないし、音も小さいから気づかれにくいです。

すぐできるようにならなくても自分を責めないで

怒りを沈める方法を考えても、イラッとしたときはつい忘れてしまって、「また怒鳴ってしまった……」と落ち込むこともあるかもしれません。でも、怒りを沈めるのって簡単なことじゃありません。だから、一度でできるようにならなくても気にしないでください。「イライラする自分を変えたい」と思い、そのための方法を考えているだけで、あなたはすでに変わるための一歩を踏み出しています。「怒鳴っちゃったな。あいうときは、まず10数えるんだった」と思い出して、「今度はやってみよう」と考えればＯＫです！

私が育児相談を受けたあるお母さんは、自分がカッとなったときにすぐ見られるよう、怒りを沈める方法を書いた紙を冷蔵庫に貼っていました。そのお母さんは、子どもを叩きそうになったら冷蔵庫の前に立って紙を見て、「私はこの子のことを叩きたいと思っているんじゃない。この子のことが本当は好きなんだ」と自分に何度も言い聞かせました。そして叩くことを減らしていったそうです。

さて、最後の「ワーク」です。怒りがわき上がってきたときの「サイン」と、怒りを沈めるための方法を書き出しましょう。先で紹介した「深呼吸する」「数を数える」などのなかから、好きなものを選んで書いてもかまいません。もちろん、オリジナルな方法でもいいですよ。実際に試したあとに、効果のほどを書いておくのもいいかもしれません。「これが効く！」という方法をみつけてください。

誰かに助けを求める方法も忘れないでください。電話やメールで愚痴ってもいいです。「きょうの私はとてもしんどい」と思ったら、地域の子育て支援センターや民間のホットラインに電話をかけてみてもいいと思います。誰かに少し話をしただけでも気持ちは楽になります。どうか一人でかかえ込まないでください。お母さんだから、がまんしなくてはいけないなんてことはありません。子どものためにも「助けて」と声をあげることはとても大切です。あなたは一人ぼっちではないですよ。

[3 minutes work]

怒りのサインと怒りの沈め方は？

このページに書き出してみましょう。

◆あなたが怒り出すときのサイン

例…早口になる、奥歯をかみしめる、頭をかく、肩に力が入ってくる

◆怒りを沈めるときの方法

例…深呼吸する、目を閉じる、「そうなのかあ」と声に出してみる

#「7つのハートでイライラしない」まとめ

【♥1】ストレス解消法を探す

アロマを焚いておいしいハーブティーを飲んでみる、子どもが寝ている間にひとりでお風呂にゆっくり入るなど、ストレス解消のための時間を意識してつくる。

【♥2】他の子どもと比べない

わが子にどんな人になってほしいのか考えて、そのゴールを二十歳など遠くに設定する。子どものできないことではなく、できることに目を向ける。

【♥3】成長に合った約束ごとをつくる

子どもの発達に合った無理のない約束ごとを子どもと一緒につくる。一度決めた約束ごとは親もしっかり守る。

【♥4】考え方のプロセスを身につける

何度言っても子どもが繰り返すことは、「いつ、どこで、誰が、何が、なぜ起きたのか」を確認して、「次に同じことをしないためにどうすればいいか」を子どもの視点で考える。

【♥5】的確な言葉づかいをする

簡潔にわかりやすく、してはいけないことではなく、してほしい行動を伝える。否定の言葉からではなく、子どもの気持ちに共感する言葉から始める。

【♥6】ほめて育てる

ハードルを下げて、できていることを言葉にして伝える。「えらいね」「すごいね」などの言葉はつけなくてもいい。子どもが認められていると思えればＯＫ。

【♥7】怒りの沈め方を見つける

怒り出すとき自分がどんな状態になるのか、怒り出すサインを見つける。怒りそうになったときの沈め方を見つける。

イライラ育児にさよならすれば家庭が子どもの安心基地になる

私は子育て講座に参加したお母さんたちに、「私がまったくイライラしないで育児してると思わないでください」と話しています。夫に「明日は『さよならイライラ育児講座』があるんだ」と言うと、「へえ〜、きみが?」と笑われています。でも、完璧な人じゃなきゃできない方法だったら誰もできない、と思うことにしています。イライラするお母さんの気持ちを実感としてわかっているからこそ、子育てがうまくいかず苦しいと思うたびに、「こうしたらどうだろう」ともがいてきたからこそ、私は今でも子育て講座を続けられているのだと思います。

本書では、イライラ育児からさよならするための「7つの技術」をお伝えしましたが、一度試せばいっぺんにイライラが解消されるというものではありません。また、最初からすべてやろうとすると大変に感じると思います。できそうなものから一つずつ始めてみて、少しずつ次に進めてくださいね。

子育てをするうえで何よりも大切なことは、子どもにとって家庭が「自分は守られている」という安心感をもてる場所にすることだと思います。子どもにとっての安心基地、それはやっぱり家庭です。安心して過ごせる場所で愛されて育った子どもは、気持ちが安定しています。自分を大事にすることができるし、他者をいたわる気持ちももてます。

「こんなことを言ったら、お母さんは自分をどう思うかな。いやな顔をするかな」と、子どもが親の顔色をうかがうようになったり、「お母さんを困らせているのかな」「ママがイライラしているのは、私のせい？　いい子にならなきゃ」と子どもが心配するようになってしまうと、家庭は安心な場所とは言えなくなってしまいます。

家庭を子どもにとって居心地のいい場所にするために、特別なことは必要ありません。お子さんの話に「うん、うん」と耳を傾けたり、お子さんの行動を認めてあげたり、楽しいことがあったときに一緒に笑いあったり、大好きだよと伝えたり……。そんな何気ないことの積み重ねが、家庭を子どもにとっての安心基地にしていくのだと思います。

子育てをしていると、楽しいこともあるけれど、そうではないことだってたくさんあります。思うようにいかなくて親として情けなくなったり、不甲斐なさを感じたり、つらい思いをしたりするのは、みんな同じ。いつの時代もみんなそうやって子育てをしているんだと思います。

感情だけで怒ってしまったり、つい言い過ぎてしまったりしたあと、涙をぬぐっていた子どもの顔を思い出して、罪悪感に襲われ、情けなくなる。そして自分への苛立ち。子どもの寝顔を見ながら「ごめんね」って言うときの心がきしんで、キューッて音が鳴るような苦しさ。

イライラすることは当たり前だし、悪いことでもありません。

イライラしてもいいけれど、それによってお母さん自身が負のスパイラルに陥ってしまうと、つらいことになります。だから少しでも寝顔に「ごめんね」を言わないですむ方法・技術を知ってほしいのです。

「今、怒りのサインが出たな。さあ、コントロールしなくちゃ」と思えること。「ストレスがたまってきたから、そろそろストレス解消しなくちゃ」と自分の感情をコントロールできる工夫をしていくだけでも、イライラ育児からさよならできると思います。だから、心の切り替え方やコントロール方法をたくさんもってほしいのです。

今の自分はどんな心の状態なのかをちゃんと見ることができる自分でいてください。自分の心に鈍くならないで！　怒ったときには、鏡をのぞいてみてください。鏡に映る自分の顔が「疲れているなー」とか、「怖い顔だなー」とか、「いい顔だなー」とか感じるのは、心の状態を見ることに繋がります。

パーフェクトなお母さんでなくて大丈夫！　真面目でなくて大丈夫！　子どもは一人ひとり違うもの。わが子のペースに合わせて、ゆっくり子育てしていきましょう！

三浦りさ MIURA Lisa

ＮＰＯ法人子育てパレット
代表理事
株式会社アネラ
代表取締役
Nobody's Perfect 完璧な親なんていない
ファシリテーター
ＣＳＰコモンセンス・ペアレンティング講師
（「怒鳴らない子育て講座」講師）

１９６４年生まれ。結婚後、ギリシャ、ベルギー、キプロス共和国、香港で暮らし、長女の小学校入学を機に帰国。その後、長男の出産をきっかけに、数多くの乳幼児に関する資格と、リフレクソロジーなどのママを癒すための資格を取得する。２００７年に乳幼児教室とママのための癒しサロン「Noah grace Salon」をオープン。その後、子育て支援、虐待防止支援、ＤＶ防止支援を学び、２０１１年「ＮＰＯ法人子育てパレット」を設立。２０１５年７月、「株式会社アネラ」設立、代表取締役に就任。現在、「マタニティー&ベビーハウスohana」を拠点に、電話相談「耳をすませて…」、子育て講座講師など、日々たくさんのママたちと接している。また、企業・行政・幼稚園・保育園・学校などを対象に、出張子育て講座を行なっている。

寝顔に「ごめんね」言いたくない！
さよならイライラ育児

2016年12月16日　第一版第一刷　発行

著　三浦りさ
編集　佐藤智砂
カバー・ブックデザイン　小久保由美
カバーイラスト　山内和朗
発行所　ポット出版プラス
150-0001　東京都渋谷区神宮前2-33-18 #303
電話　03-3478-1774
ファックス　03-3402-5558
ウェブサイト　http://www.pot.co.jp/
電子メールアドレス　books@pot.co.jp
郵便振替口座 00110-7-21168　ポット出版

印刷・製本　シナノ印刷株式会社

ISBN 978-4-86642-003-5 C2077

No more saying " sorry " to my sleeping child
Goodbye to frustrating child-rearing
by MIURA Lisa

Editor: SATO Chisa
Designer: KOKUBO Yumi
Illustrator: YAMAUCHI Kazuaki

First published in Tokyo, Japan, Dec. 16, 2016
by Pot Pub. Co., Ltd.
2-33-18-303 Jingumae, Shibuya-ku Tokyo, 150-0001 JAPAN
http://www.pot.co.jp
E-Mail: books@pot.co.jp
Postal transfer: 00110-7-21168
ISBN 978-4-86642-003-5 C2077

本文　OKプリンセス・四六・Y・73kg（0.155）・1/1C
カバー　タント・N-9・四六・Y・100kg（0.17）・4/0C・グロスニス
オビ　カバー共刷り
表紙　タント・S-7・四六・Y・180kg（0.30）・1/0C［PANTONE 5285］
使用書体　筑紫Aオールド明朝　筑紫A丸ゴシックStd　本明朝新がなPro　こぶりなゴシック　見出しゴMB31
Helvetica Neue LT Pro　Courier Std　Adobe Garamond Pro
組版アプリケーション　IndesignCC2015
2016-0101-2.0